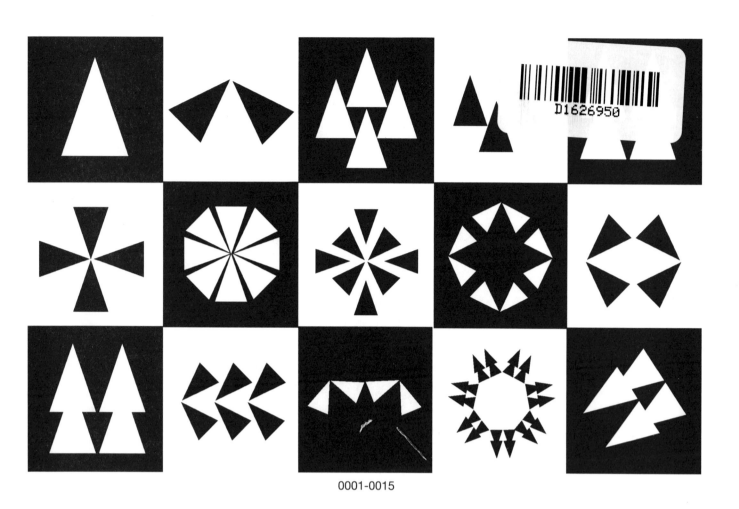

0001-0015

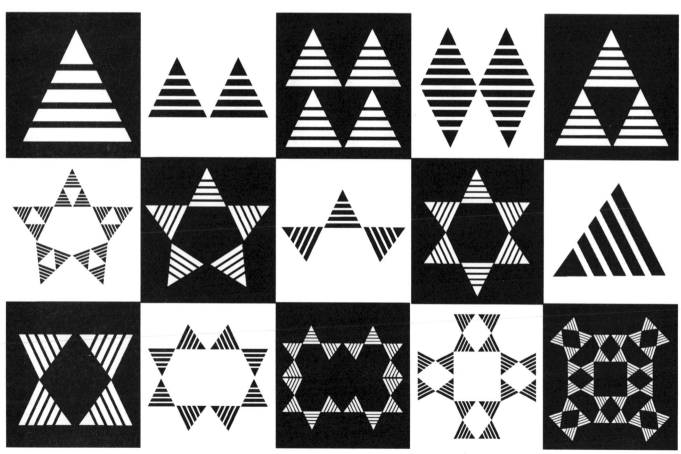

0016-0030

D1626950

1

0031-0045

0046-0060

2

0061-0075

0076-0090

3

0091-0105

0106-0120

4

0121-0135

0136-0150

5

0151-0165

0166-0180

0181-0195

0196-0210

7

0211-0225

0226-0240

8

0241-0255

0256-0270

9

0271-0285

0286-0300

10

0301-0315

0316-0330

11

0331-0345

0346-0360

12

0361-0375

0376-0390

13

0391-0405

0406-0420

14

0421-0435

0436-0450

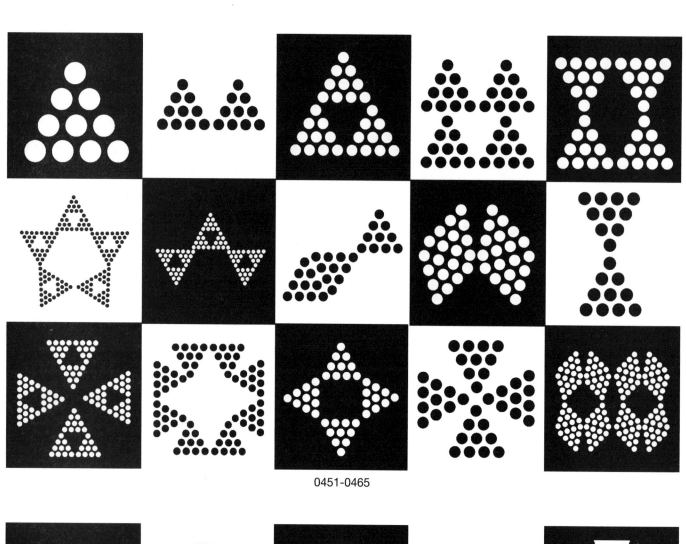

0451-0465

0466-0480

0481-0495

0496-0510

17

0511-0525

0526-0540

0541-0555

0556-0570

19

0571-0585

0586-0600

20

0601-0615

0616-0630

21

0631-0645

0646-0660

0661-0675

0676-0690

23

0691-0705

0706-0720

24

0721-0735

0736-0750

25

0751-0765

0766-0780

26

0781-0795

0796-0810

0811-0825

0826-0840

28

0841-0855

0856-0870

29

0871-0885

0886-0900

0901-0915

0916-0930

31

0931-0945

0946-0960

0961-0975

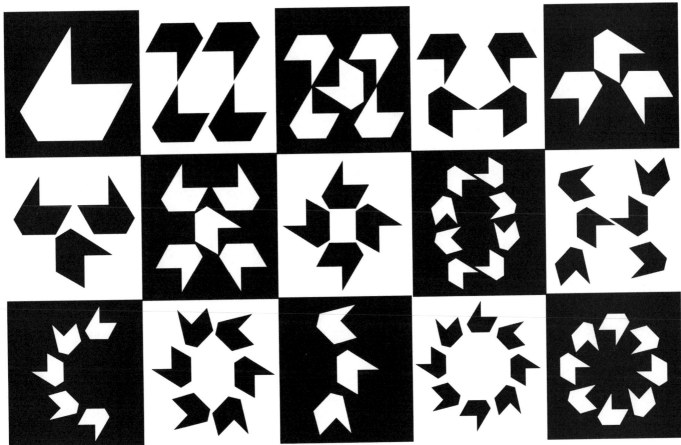

0976-0990

0991-1005

1006-1020

1021-1035

1036-1050

1051-1065

1066-1080

1081-1095

1096-1110

1111-1125

1126-1140

1141-1155

1156-1170

39

1171-1185

1186-1200

1201-1215

1216-1230

1231-1245

1246-1260

1261-1275

1276-1290

43

1291-1305

1306-1320

1321-1335

1336-1350

45

1351-1365

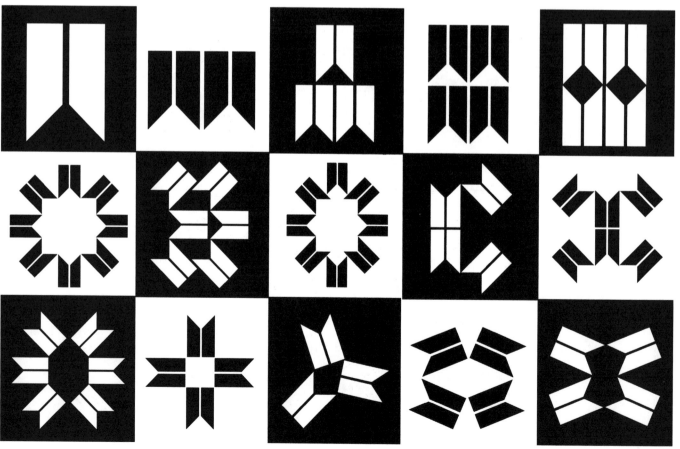

1366-1380

1381-1395

1396-1410

47

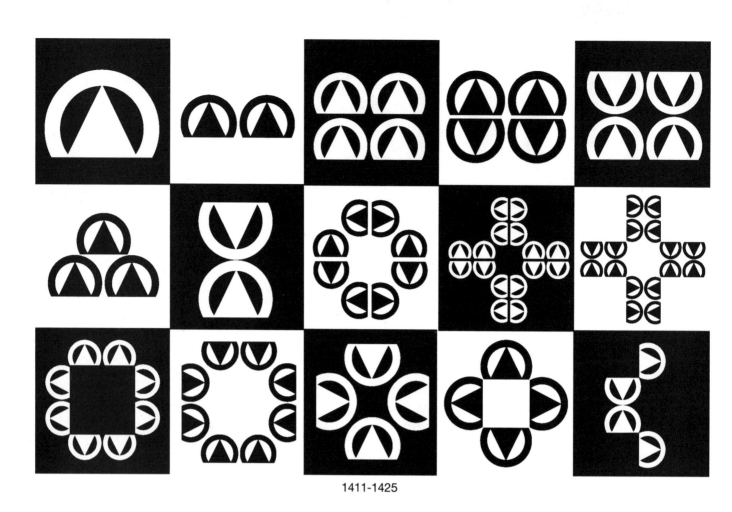

1411-1425

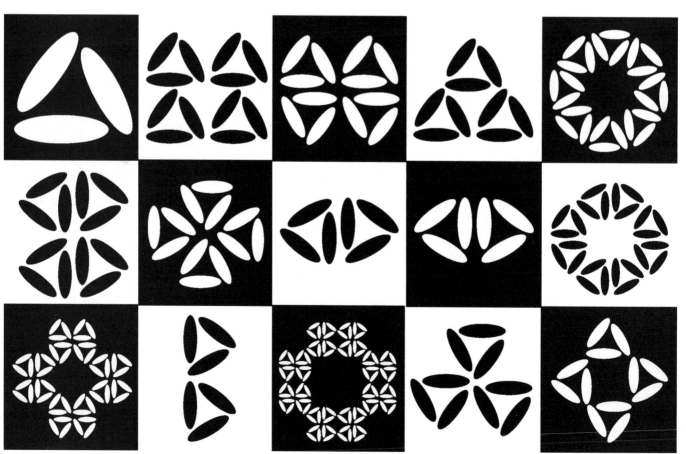

1426-1440